La Magia del Hombre Merengue

La Magia del

KINITO

Texto
**Raynelda
A. Calderón**

Hombre Merengue

MÉNDEZ

Ilustraciones
Taína
Almodóvar

PRIMERA AVENTURA MUSICAL

«¡Kinito!», se escucha desde el patio trasero. Allí están Nixon, Rafelito, Wilson, Shirola y Quirso, ansiosos, al borde de la emoción, listos para su ensayo.

Un pequeño de apenas ocho años, portando dos latas de aceite vacías, llega corriendo. Es Kinito, el alma y líder de la banda Los Pequeños del Ritmo. Y esas latas vacías, son nada más y nada menos que su peculiar batería.

Ahora sí, con todos los elementos en su lugar, comienzan a tocar. En una pausa, se escucha la voz de su madre desde la cocina: «¡Por Dios, paren ese ruido, me van a enloquecer!».

Kinito ajusta la lámpara del poste de luz que hace de platillo, y con una sonrisa despreocupada, da la señal para seguir, «uno, dos, tres...».

Dentro de poco, Los Pequeños del Ritmo se presentarán por primera vez ante su público. Bueno... si se puede llamar así a la fachada de la casa de Kinito, frente al bullicio del mercado local. Pero para ellos, ¡es como si estuvieran a punto de pisar el escenario de un gran estadio!

En su debut, eligen un merengue de Johnny Ventura, el ídolo de Kinito. Un niño sopla su trompeta invisible, mientras otro dibuja en el aire las notas cálidas de un saxofón.

En el centro de su música, resuena un cencerro de vaca prestado, una marimba de madera que dobla como un bajo, y lo más especial: una tambora que Kinito recibió como regalo de Reyes. ¡Qué espectáculo de creatividad!

La curiosidad atrae a los vecinos, cautivados por los instrumentos inusuales y el ritmo lleno de vida.

Con las canciones de moda de Félix del Rosario, Rafael Solano y otros grandes, Kinito añade su chispa única: versos juguetones que nombran a los personajes del pueblo y refranes que todos pueden cantar. ¡Escucharlos era una inyección de alegría!

En poco tiempo, Los Pequeños del Ritmo se convierten en el orgullo del pueblo. De tocar en el mercado, pasan a ser la atracción de cumpleaños, bautizos y fiestas navideñas. ¡Y reciben pago por su arte!

Así comienza la aventura musical de Kinito Méndez, un niño que no solo creaba música, sino que llenaba de alegría y ritmo cada lugar donde se presentaba.

LA FAMILIA RAMÍREZ LEBRÓN

José del Carmen Ramírez Lebrón nació en la República Dominicana, en un rincón lleno de montañas y sonrisas llamado Padre Las Casas. Pero a él, todos le conocían por Kinito.

El más joven de cuatro hermanos, su apodo era un guiño de cariño a su padre, Tomás Aquino Ramírez Méndez, conocido como Kino.

Kinito llevaba la música en las venas. Su mamá, María de Jesús Lebrón, también llamada Jesusa, fue tamborera en el combo típico de su padre, el abuelo de Kinito.

En la tienda de ropa de Jesusa, un pedacito de patrimonio que aún sigue abierto, mientras los clientes iban y venían, ella sentaba a Kinito en el mostrador de madera. Con sus dedos tamborileando suavemente sobre la superficie, le enseñaba algo muy especial: el ritmo de la tambora. ¡Tacaracatan, catan catan!

Poco a poco, esos golpecitos despertaron en Kinito un profundo amor por la música, especialmente por los merengues de Johnny Ventura.

Los vecinos aún recuerdan a los hermanos Ramírez Lebrón como niños llenos de alegría y educación. Cuando piensan en Kinito, se les ilumina la cara recordando que parecía haber nacido para cantar. ¡Incluso aseguran que nunca lo vieron hacer otra cosa! Es como si la música hubiera estado siempre en su interior, esperando pacientemente el momento perfecto para brillar.

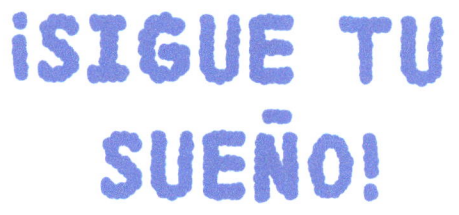

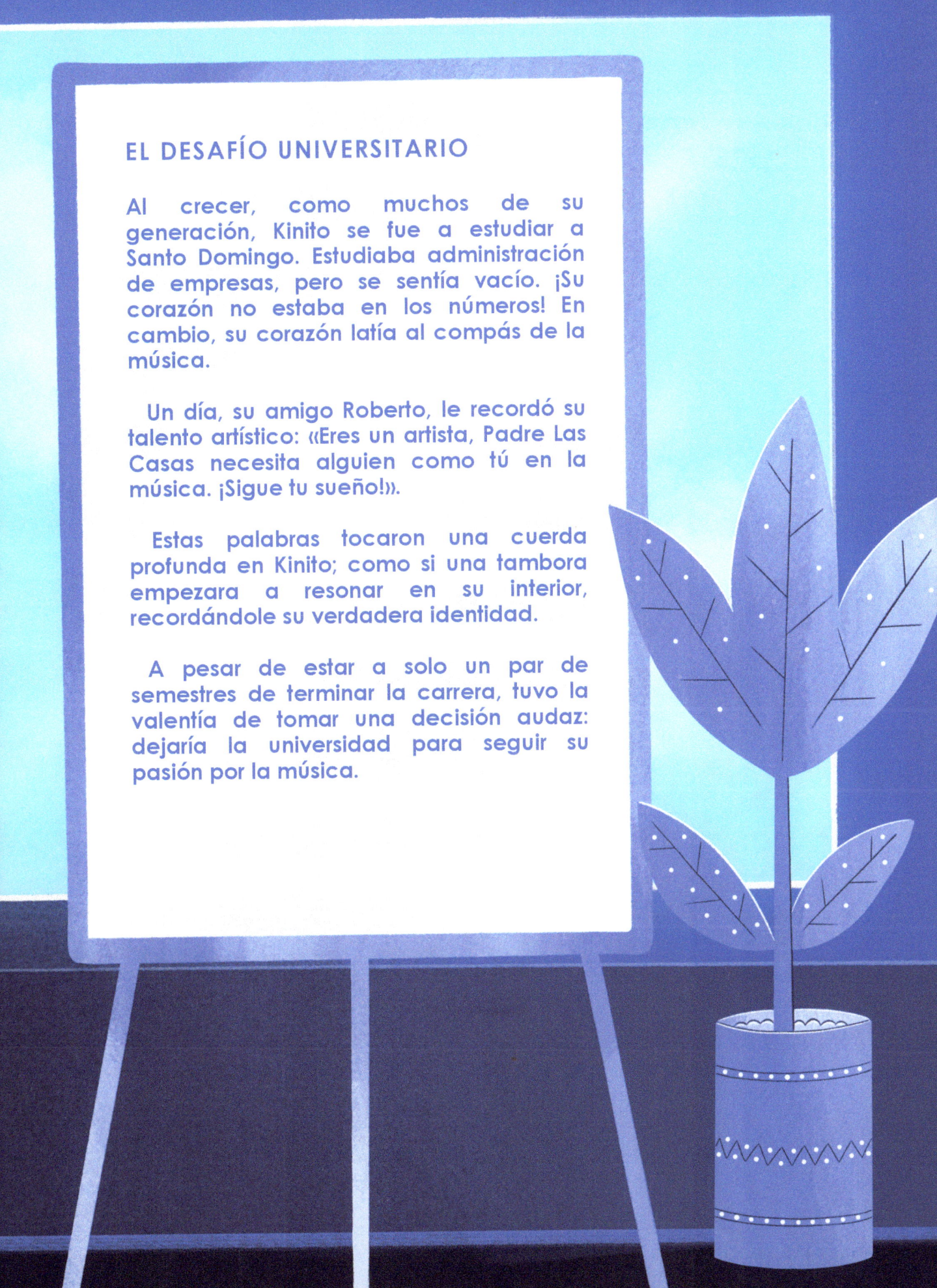

EL DESAFÍO UNIVERSITARIO

Al crecer, como muchos de su generación, Kinito se fue a estudiar a Santo Domingo. Estudiaba administración de empresas, pero se sentía vacío. ¡Su corazón no estaba en los números! En cambio, su corazón latía al compás de la música.

Un día, su amigo Roberto, le recordó su talento artístico: «Eres un artista, Padre Las Casas necesita alguien como tú en la música. ¡Sigue tu sueño!».

Estas palabras tocaron una cuerda profunda en Kinito; como si una tambora empezara a resonar en su interior, recordándole su verdadera identidad.

A pesar de estar a solo un par de semestres de terminar la carrera, tuvo la valentía de tomar una decisión audaz: dejaría la universidad para seguir su pasión por la música.

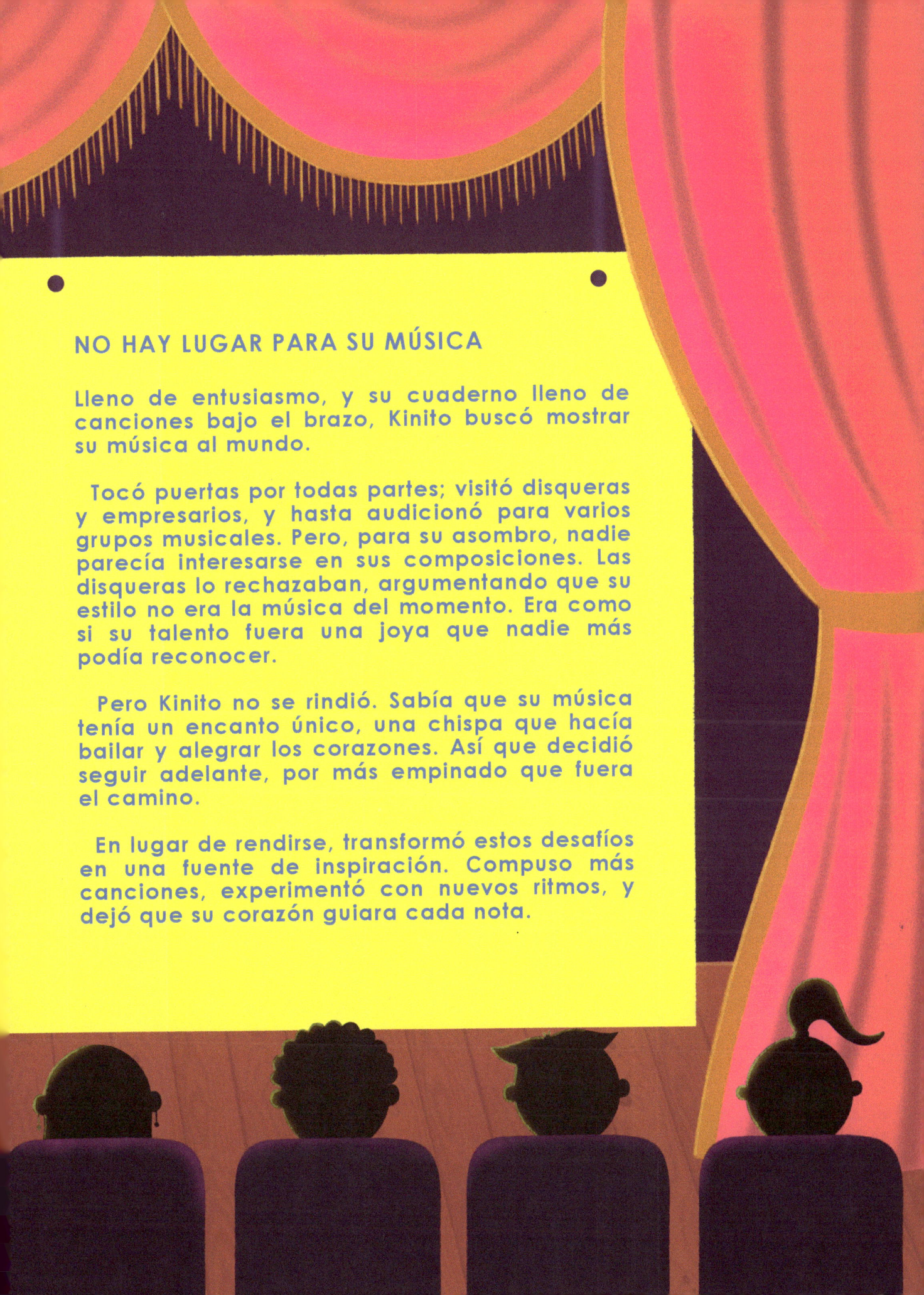

NO HAY LUGAR PARA SU MÚSICA

Lleno de entusiasmo, y su cuaderno lleno de canciones bajo el brazo, Kinito buscó mostrar su música al mundo.

Tocó puertas por todas partes; visitó disqueras y empresarios, y hasta audicionó para varios grupos musicales. Pero, para su asombro, nadie parecía interesarse en sus composiciones. Las disqueras lo rechazaban, argumentando que su estilo no era la música del momento. Era como si su talento fuera una joya que nadie más podía reconocer.

Pero Kinito no se rindió. Sabía que su música tenía un encanto único, una chispa que hacía bailar y alegrar los corazones. Así que decidió seguir adelante, por más empinado que fuera el camino.

En lugar de rendirse, transformó estos desafíos en una fuente de inspiración. Compuso más canciones, experimentó con nuevos ritmos, y dejó que su corazón guiara cada nota.

UN GIRO SORPRENDENTE

Un día, la vida de Kinito cambió para siempre. Conoció a Pochy Familia, quien se convirtió en un gran amigo. Gracias a esta amistad, Kinito conoció a Richie Ricardo, un cantante de renombre que se interesó en sus canciones. ¡Por fin su música era escuchada!

Pochy le presentó una estupenda idea: «Kinito, ¿qué te parece si juntamos fuerzas y formamos una banda? ¡Podríamos llamarla La Cocoband!»

A Kinito le encantó la idea. Así nació una orquesta única en su tipo. Juntos, dieron vida a un merengue alegre y contagioso, muy diferente al estilo del momento. ¡Fue un verdadero éxito!

Tanto, que La Cocoband ganó el preciado premio Casandra a la Orquesta del Año. ¡Las canciones de Kinito se escuchaban en todas partes!

Con giras, conciertos y premios, finalmente su música estaba brillando como siempre había soñado.

UNA ESTRELL AEN ASCENSO

Con el éxito de La Cocoband, Kinito se convirtió en una figura prominente en la música dominicana. ¡Ahora, otras orquestas lo buscaban para que les compusiera canciones!

Luego se le presentó una oportunidad dorada: un contrato con la orquesta Rokabanda. Pero si aceptaba, tendría que decir adiós a La Cocoband, su familia musical.

Fue una decisión complicada. Tras discutirlo con su padre, Kinito comprendió que era el momento de seguir creciendo y aceptó.

Con Rokabanda, creó éxitos que hicieron bailar a todos, llevando su música a nuevos escenarios y cosechando premios prestigiosos.

También formó el grupo Rikarena, que interpreta esas románticas canciones que llenaban parte de su cuaderno de composiciones.

Siempre soñador, Kinito deseaba expandir su universo musical, y se animó formar su propia agrupación de merengue: Kinito Méndez.

Esta nueva etapa marcó el inicio de una carrera como solista que lo consolidaría como un ícono del merengue, conocido como el Hombre Merengue.

Kinito siguió creando canciones que eran espejo de la vida cotidiana, las tradiciones y la alegría del pueblo dominicano.

Con éxitos como ¡Ajá! Juan, y La pegué, no solo ha hecho bailar a la República Dominicana, sino también a toda América Latina y más allá.

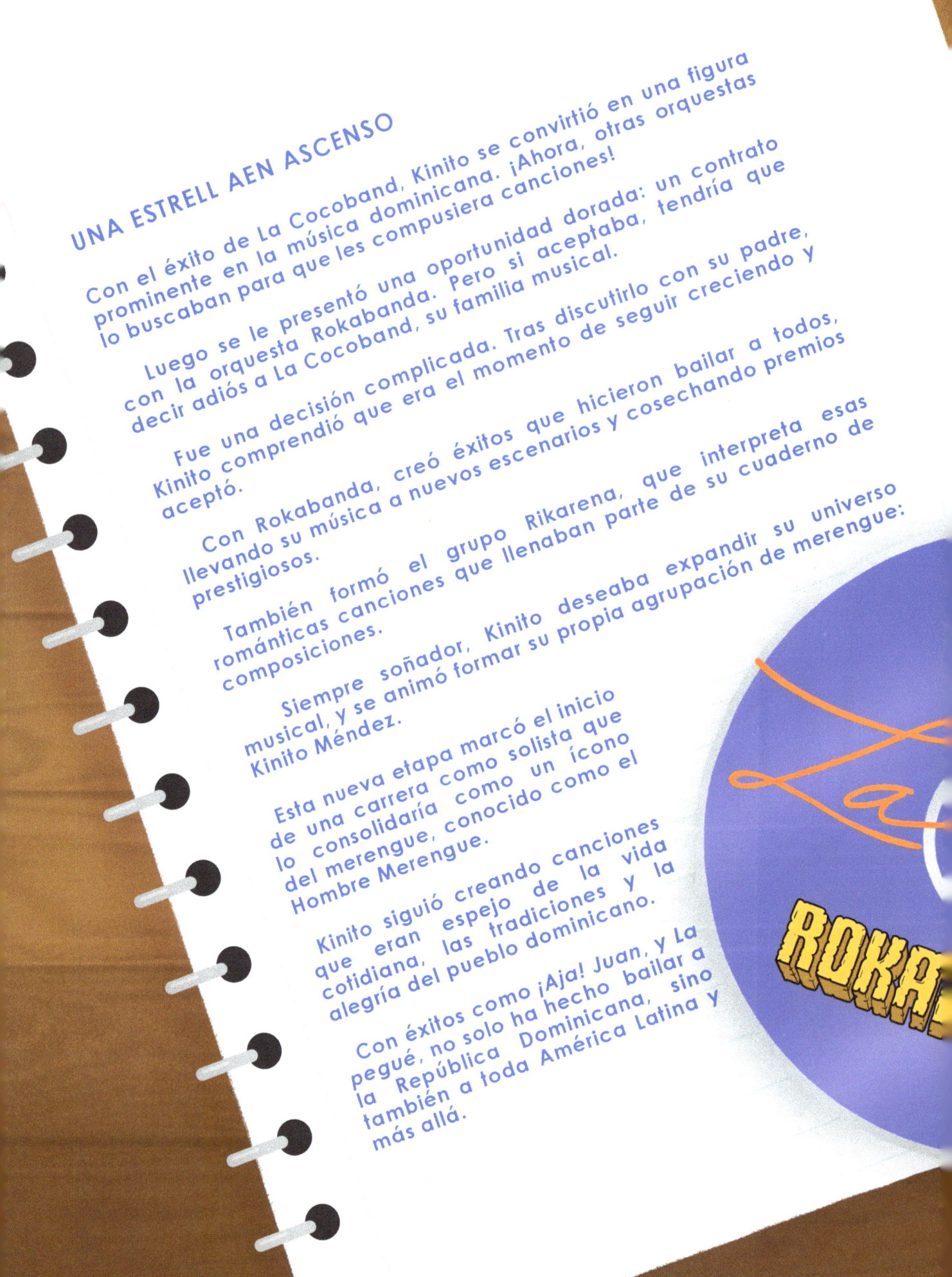

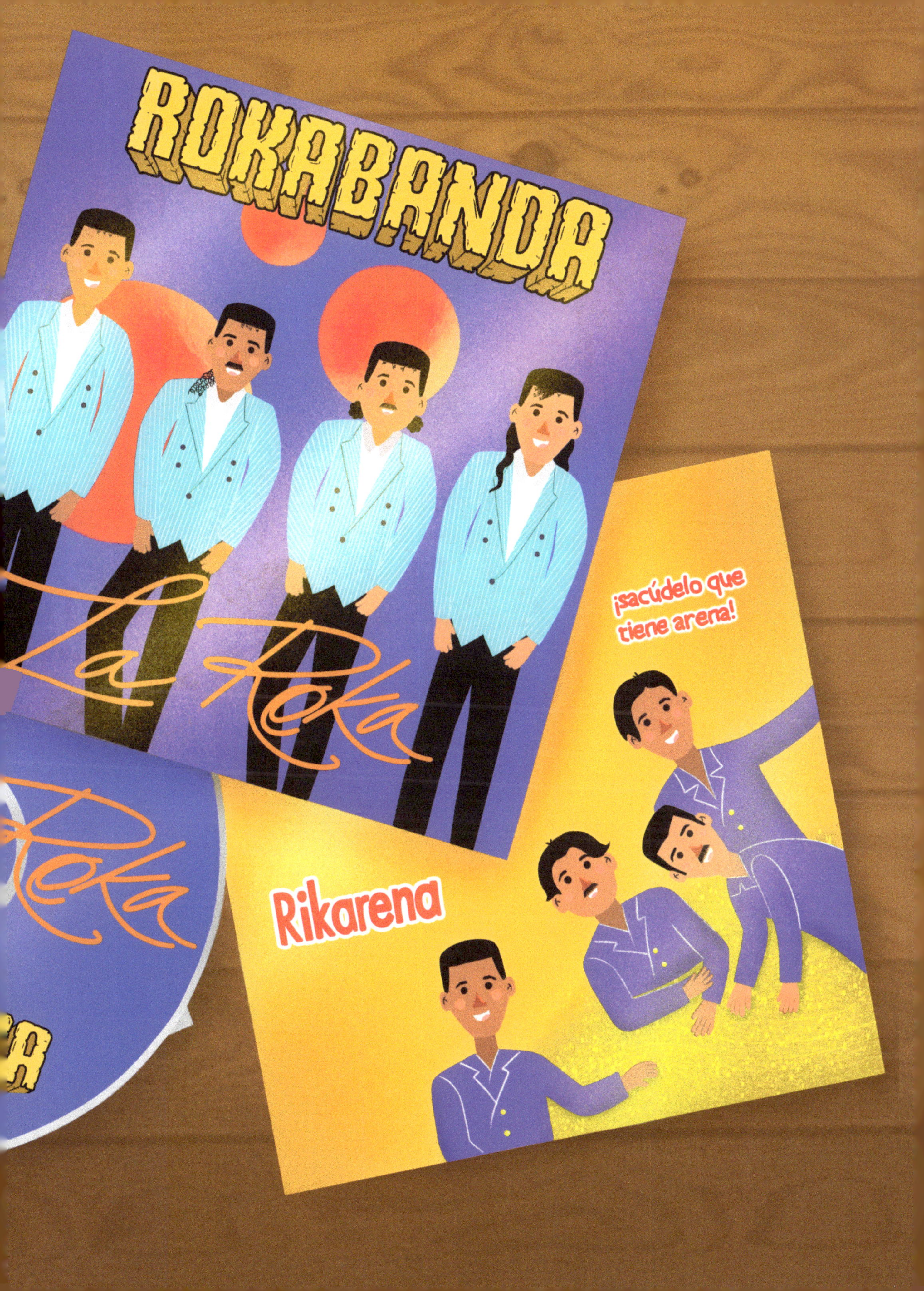
ROKABANDA
La Roka
Roka
¡sacúdelo que tiene arena!
Rikarena

CONSTELACIÓN DE ÉXITOS

A lo largo de su trayectoria, Kinito ha cosechado innumerables éxitos como *El tamarindo*, *El llorón*, y *El baile del sua sua*, los cuales se han convertido en verdaderos himnos del merengue.

Con su carisma desbordante, ha conquistado escenarios, acumulado galardones, y lo más significativo, ha conquistado los corazones de millones de personas tanto en su país como en el extranjero.

En 2023, el gobierno dominicano reconoció su contribución a la evolución del merengue y la cultura nacional, así como su labor en la difusión del merengue a nivel mundial.

Uno de los momentos más memorables de su carrera fue la grabación con su ídolo, Johnny Ventura. ¡Un sueño de niño hecho realidad!

¿Y sabes qué es curioso? Su canción Cachamba, que le piden en todas sus presentaciones, ha sido la más vendida, y solo la incluyó en su producción porque le hacía falta una canción y no tenía más.

Kinito no es solo un músico; es un narrador que a través de sus letras conecta con la gente contando historias. Con cada tamborazo y cada coro pegajoso, une generaciones, llevando alegría y orgullo por la cultura dominicana.

LA MAGIA DEL HOMBRE MERENGUE

Kinito siempre mantiene viva su conexión con Padre Las Casas y no olvida lo arduo que fueron sus inicios. A pesar de haber alcanzado la fama y el éxito, continúa contribuyendo a su comunidad de diversas maneras, siempre con humildad. Para él, estos actos son personales y no requieren atención pública.

En 2016, la UNESCO reconoció al merengue como Patrimonio Cultural Inmaterial de la Humanidad, y la música de Kinito es un excelente reflejo de esta distinción. Sus canciones celebran las tradiciones y la alegría que definen al pueblo dominicano.

Con su excepcional talento para fusionar sonidos tradicionales con elementos contemporáneos, Kinito ha logrado que el merengue sea valorado por las nuevas generaciones, sin perder la esencia de este género.

Ha integrado influencias de ritmos ancestrales, como los palos y las salves, combinándolos con su estilo predilecto, el merengue. De esta manera, ha creado una fusión singular que preserva el alma de la música tradicional, al tiempo que la moderniza y la hace emocionante para todos.

Es como si Kinito fuese un mago musical, capaz de conectar el pasado y el presente en perfecta armonía. Sus canciones trascienden generaciones, invitándonos a bailar, cantar y, sobre todo, a sentirnos orgullosos de nuestras raíces. A través de su arte, nos enseña la importancia de celebrar aquello que nos hace únicos.

UN LEGADO QUE BRILLA

A lo largo de su vida, Kinito ha enfrentado numerosos desafíos, tomado decisiones valientes y, sobre todo, ha seguido su corazón.

Desde sus comienzos con instrumentos improvisados hasta convertirse en una figura emblemática del merengue dominicano, su historia es un claro ejemplo de cómo los sueños pueden realizarse a través del trabajo, la pasión y la fe.

Kinito siempre ha afirmado que el merengue no es solo música: es alegría, esencia y una parte del alma dominicana. Con cada golpe de tambor y cada letra, nos ha recordado nuestras raíces y lo que podemos alcanzar si confiamos en nosotros mismos.

Hoy, su música continúa uniendo generaciones, transmitiendo un mensaje de amor por nuestra cultura y demostrando que cuando se combinan talento y esfuerzo, no hay límites para lo que podemos lograr.

«La música es un regalo que Dios me dio para compartir alegría con el mundo», dice Kinito.

Y ese regalo, al igual que él, sigue resplandeciendo.

REPÚBLICA DOMINICANA

La República Dominicana es parte de una hermosa isla en el Caribe. Conocida por sus bellas playas, montañas verdes y rica historia, es un lugar donde la música y el baile llenan el ambiente. El animado ritmo del merengue y la bachata resuena en cada celebración, uniendo a las comunidades en un espíritu de alegría.

La comunidad dominicana es aclamada por su cálida hospitalidad y su fuerte sentido de unidad. Celebran su rica cultura a través de la narración de historias, el arte y la música, transmitiendo sus tradiciones de generación en generación. Los jóvenes aprenden sobre su herencia al escuchar relatos de valientes héroes y seres mágicos, como las enigmáticas ciguapas que habitan en las montañas.

En esta hermosa nación, se motiva a todos los niños a soñar en grande, sabiendo que sus raíces son tan ricas y llenas de vida como la isla misma.

EL MERENGUE

El merengue dominicano, que emergió en El Cibao a mediados del siglo XIX, se ha convertido en un símbolo de la identidad nacional, reflejando la fusión de las culturas taína, africana y europea.

Con su ritmo contagioso y letras alegres, el merengue invita a todos a bailar y disfrutar de la vida. Artistas icónicos como Kinito Méndez han llevado el merengue a un ámbito internacional.

En la actualidad, el merengue sigue siendo fundamental en las celebraciones dominicanas. En las festividades, el sonido del merengue resuena en cada rincón, uniendo personas de todas las edades en una danza compartida que trasciende generaciones.

El merengue no solo es música, sino una celebración y representación del dinámico espíritu del ser dominicano, una manifestación de alegría y resistencia que continúa conquistando corazones alrededor del mundo.

LOS PALOS

Los palos o atabales son una manifestación cultural de gran importancia en la República Dominicana. Con sus orígenes africanos, representan una expresión musical genuina del país. Su ritmo potente, producido por tambores, acompaña diversas celebraciones religiosas y de santería.

El baile de palos es enérgico y refleja tanto alegría como devoción. Además, ha influido en otros géneros musicales de la nación, preservando tradiciones ancestrales y celebrando la rica diversidad del pueblo dominicano.

SOBRE LA ILUSTRADORA

Taína es una talentosa ilustradora de más de 13 cuentos infantiles que promueven la educación y los valores en la niñez dominicana. Entre sus obras se encuentran los libros de la Miss Universo Amelia Vega y del merenguero Manny Cruz, el cuento infantil de Johnny Ventura y las hermanas Mirabal, entre otros.

SOBRE LA AUTORA

Raynelda es una autora apasionada por crear historias que resaltan su cultura, honran su comunidad y amplifican las historias marginadas. Con historias como la de Mamá Tingó y las hermanas Mirabal publicadas, invita a los lectores a explorar su trabajo en rayneldacalderon.com.

Más allá de sus actividades literarias, prospera como bibliotecaria con un doctorado en liderazgo en educación superior. Actualmente reside en EE. UU. con un Shih Tzu consentido e indómito y una chihuahua muy apegada. Conecta con Raynelda en @raycc10.

Su trabajo ha sido galardonado con importantes premios internacionales, tales como: el Mejor Libro Ilustrado en lengua española y catalana 2022; el Premio IBBY- International Board on Books for Young People, el primer reconocimiento de este tipo que recibe la República Dominicana, otorgado por la Asociación Internacional de Libros Infantiles y Juveniles más significativa del mundo.

Número de Control de la Biblioteca
del Congreso 2025931710
ISBN 9781955328-227 (hc)
9781955328234 (prbk)

A palo limpio

DE COLORES

CACHAMBA

Celebra conmigo

EL HOMBRE MERENGUE

A caballo

SU AMIGO

El decreto de Kinito Méndez

www.ingramcontent.com/pod-product-compliance
Lightning Source LLC
Chambersburg PA
CBHW041132120626
46547CB00019B/2955